112

5 Minuten Feuerwehrgeschichten

für Leseanfänger

gondolino

FSC
www.fsc.org
MIX
Papier aus verantwortungsvollen Quellen
FSC® C020353

ISBN 978-3-8112-3568-7
1. Auflage 2022

Umschlagillustration: Heike Wiechmann
Umschlaggestaltung: Vanessa Braun
Printed in the EU

Der Umwelt zuliebe gedruckt auf chlorfrei gebleichtem Papier.

www.gondolino.de

Inhalt

Brand in der Schule

Fritz, das kleine Feuerwehrauto, rast um die Kurve. Links, rechts. So schnell war Fritz noch nie.

Sein Blaulicht blinkt. Die Schule brennt!

Und ein paar Kinder sind noch drin!

Vor der Schule drängeln sich die Menschen.

Das Dach steht in Flammen.

Die Kinder können die Treppe nicht benutzen. „Aus dem Weg!“, brüllt Fritz. Mit quietschenden Reifen hält er an. Sofort schließt er seinen Schlauch an den Hydrant an. „Achtung, Wasser marsch!“, warnt er.

Ein dicker Strahl zischt auf das Feuer. Als das Feuer etwas nachgelassen hat, schlägt Fritz mit seiner Leiter ein Fenster ein. Jetzt ist er bereit.

Er lenkt die Leiter zu dem Fenster.
„Ein Kind nach dem anderen!“, ruft er.
„Nicht drängeln, euch passiert nichts,
so wahr ich Fritz heiße!“
Und wirklich sind die Kinder ganz
ruhig.

Bald stehen alle auf dem Schulhof.
Das Feuer ist auch gelöscht.

„Danke, Fritz!“, sagt die Lehrerin aus vollem Herz. „Du hast meine Kinder und mich gerettet!“

Da zupft ihr ein Mädchen am Rock. „Aber unsere Schule ist ja jetzt kaputt“, sagt sie traurig. „Wo sollen wir denn nun die Zahlen und die Buchstaben lernen?“

Alle Kinder sehen ihre Lehrerin mit traurigen Augen an. „Tja“, sagt die Lehrerin. „Ich fürchte, die Schule muss lange ausfallen.“ Aber Fritz lacht.

„Wisst ihr was?“, fragt er.

„Bis die Schule repariert ist, könnt ihr bei mir lernen. Im Feuerwehrhaus!“

Da jubeln alle Kinder. Und die Lehrerin gibt dem kleinen Feuerwehrauto sogar einen Kuss auf die Motorhaube.

Falscher Alarm

Heute hat Feuerwehrmann Freddy Flamme frei. Er freut sich: Endlich kann er mal richtig faulenzen!

Freddy macht es sich in seinem Liegestuhl bequem und liest Feuerwehr-Geschichten.
Aber bald fallen Freddy die Augen zu, und er träumt von seinen Heldentaten.

Plötzlich steigt Freddy ein vertrauter Geruch in die Nase. Er schnuppert. Das ist doch ...

... Rauch! Also brennt es irgendwo! Freddy springt auf und schaut sich um.

Tatsächlich: Aus dem Garten nebenan steigt Rauch auf!

Freddy Flamme greift nach dem Gartenschlauch und zielt über die Hecke. „Wasser marsch!“, ruft er und spritzt los.

Da hört Freddy laute Rufe:
„Aufhören, sofort aufhören!“
Nanu, ist der Brand schon gelöscht?!

Freddy stellt das Wasser ab
und lugt über die Hecke.

Da steht sein Nachbar Franz.
Er ist pudelnass und sieht
furchtbar wütend aus.

Grimmig deutet Franz auf den Grill,
auf dem fünf Würstchen schwimmen.
„Du hast mein Abendessen gelöscht!“

„Oje“, seufzt Freddy. „Ich mache es wieder gut, ja? – Komm rüber, ich lade dich zum Abendessen ein.“

„Was gibt es denn?“, fragt Franz.
„Feuertopf!“, strahlt Freddy Flamme.

Der 21. Juni

Es ist spät am Abend.
Ben kommt müde
von der Arbeit nach Hause.
„Endlich Urlaub!“,
freut sich der Feuerwehrmann.

Ben macht sich ein Käsebrötchen.
Als er zufällig
aus dem Küchenfenster schaut,
lässt er es vor Schreck fallen.
Helle Flammen lodern
in den Abendhimmel.
„Bauer Brinks Hof brennt!“,
denkt Ben.

Sofort schickt er einen Notruf los
und eilt zurück zur Feuerwache.
Bei seiner Ankunft sind
seine Kollegen schon startklar.
Schnell wirft sich auch Ben
in seine Schutzkleidung.
Der Kommandant gibt
den Befehl:
„Zu den Löschfahrzeugen!“
Die Feuerwehrleute
gleiten die Rutschstange
hinunter in die
Fahrzeughalle.

Mit Sirenengeheul fahren
ein Tanklöschfahrzeug und
ein Drehleiterfahrzeug
aus der Halle.
Ben hatte recht:
Auf dem Hof brennt es.

Aber weder das Bauernhaus
noch der Stall
stehen in Flammen.

„Was ist denn hier los?“,
fragt Ben stirnrunzelnd.
Er und seine Kollegen steigen
verwirrt aus den Fahrzeugen.
Ein Feuer lodert auf dem Acker
hinter dem Bauernhaus.
Viele Menschen haben sich
darum versammelt.
Sie halten Becher und Brötchen
in ihren Händen.

„Was soll denn der Sirenenlärm?“, schreit Bauer Brink verärgert. „Was soll das Feuer?“, erwidert Ben. „Schaut mal auf den Kalender“, brummt Bauer Brink. „Heute ist der 21. Juni. Das ist ein Sonnwendfeuer.“

„Eigentlich muss so ein Feuer
aber angemeldet werden“,
erklärt der Kommandant.
Bauer Brink macht
ein zerknirschtes Gesicht.
„Das wusste ich nicht“, murmelt er.

Der Kommandant beäugt kritisch
die Feuerstelle.
„Na ja“, meint er schließlich,
„die Abstände zu den Gebäuden
und zum Wald sind groß genug.
Außerdem ist es windstill.“
Er nickt dem Bauern zu.
„Wir werden ausnahmsweise
ein Auge zudrücken!“

Bauer Brink lächelt dankbar.
„Wollen Sie vielleicht bleiben?“,
fragt er.
Die Feuerwehrleute sind froh,
dass sie keinen gefährlichen Brand
löschen mussten.
Aber bleiben können sie nicht.
„Wir müssen zurück zur Wache“,
sagen sie.

„Vielleicht gibt es heute ja noch
einen echten Einsatz!“
Nur Ben schnappt sich grinsend
ein Käsebrötchen.
„Ich bleibe gerne“, sagt er.
„Schließlich habe ich Urlaub!“

Die Schule brennt

„Du, Jonas, wir können am Sonntag doch nicht zum Fußball“, sagt Feuerwehrmann Max. „Ich habe Dienst.“

Jonas schmollt: „Andere Papas haben sonntags frei. Nur du nicht!“ Jonas springt auf und rennt wütend raus. Traurig radelt Max zur Feuerwache.

Er streitet nicht gern mit Jonas.
In der Wache ist alles ruhig.
„Wie ist es mit einer Runde Skat?“,
fragt Kollege Stefan.

In diesem Moment schrillt die
Alarmglocke: „Achtung! Einsatz für
den Löschzug.“
Alle springen auf. Das Kartenspiel
fällt zu Boden. Jetzt geht es um
Sekunden!

An Stangen sausen die Männer hinunter in die Fahrzeughalle.

Kaum sitzen sie im Wagen, fliegen schon die Tore auf. – Los geht's!

Tatütata – mit Blaulicht und Martinshorn rast der Löschzug durch die Straßen.

Alle Autos fahren zur Seite.
Die Feuerwehr hat Vorfahrt.

„Achtung! Genauer Einsatzort: Brahmsweg 8. Anfahrt über die Sengelstraße“, gibt die Zentrale durch.

Max stutzt: „Brahmsweg 8? Das ist doch Jonas’ Schule!“

Schon fährt der Löschzug auf den Schulhof.

Die Schulkinder stehen hinter einer Absperrung. Ein Junge winkt. „Papa, Papa! Hier bin ich!“ Max atmet auf: Jonas ist in Sicherheit!

Aus der Turnhalle quillt dichter Rauch.
Eine Frau ruft: „Da ist der Hausmeister noch drin!“
Mit Atemschutzgeräten stürmen Max und Stefan in das Gebäude.
„Vermisste Person gefunden“, meldet Max. Stefan bringt den Hausmeister in Sicherheit.

Max und die anderen löschen das Feuer. Endlich ist es geschafft!

Puh! Max nimmt die Schutzmaske ab und holt tief Luft.

„Ist doch gut, dass du
Feuerwehrmann geworden bist“, sagt
plötzlich jemand hinter ihm.

Max dreht sich um und gibt Jonas
einen dicken Kuss.

Wasser marsch!

„Wo wollt ihr hin?“, fragte Mama.
„Zum Feuerwehrmann-Test“,
erklärte Ida.

„Drüben bei Onkel Hans“,
ergänzte Malte.

„Na dann, viel Glück!“, wünschte Mama. „Und seid pünktlich zum Essen zurück.“

Malte und Ida kletterten über den Zaun in den Garten von Onkel Hans.

„Zielen, robben, klettern!
Das müsst ihr können!“,
hörten sie Onkel Hans sagen,
als er auf die Terrasse trat.

Onkel Hans wusste das so genau,
weil er ein Feuerwehrmann ist.

Er winkte Malte zu sich.
„Ob du das dicke Seil
am Baum triffst?“

Er gab Malte einen Schlauch
und drehte das Wasser auf.

Malte zielte.
Schon schaukelte das Tau
im Wasserstrahl.

Auch Ida traf sofort.
„Zielen klappt gut!“,
lobte Onkel Hans.

Dann sollten Ida und Malte
durch einen Tunnel robben.
Es war ein altes Rohr.

Ida kroch zwei Sekunden
schneller als Malte.
Das machte richtig Spaß!

Dann war klettern dran!
Obwohl das Tau ganz nass war,
war Malte sofort auf dem Baum.
Ida brauchte etwas länger.

„Ihr wart toll!“,
gratulierte Onkel Hans.
„Wie richtige Feuerwehrmänner!“

„Riecht ihr das?“, fragte Ida.
Aus dem Garten ihrer Eltern
stieg dunkler Qualm auf.

Malte nahm sich den Schlauch
und kletterte über den Zaun.
„Wasser marsch!“, rief er.
Ida drehte den Wasserhahn auf.

Onkel Hans und Ida
rasten hinter Malte her.
„Falscher Alarm!“, rief er.

„Wir wollten doch grillen!“,
sagte der nasse Papa
und schaute traurig
auf das tropfende Fleisch.

Helden im Doppelpack

„Das ist schon das dritte Mal,
dass dir Petzi nachgelaufen ist“,
schimpft Leos Lehrerin, Frau Schuh.
„Wir sind doch keine Hundeschule!“
„Tut mir leid“, murmelt Leo.

Frau Schuh seufzt.
„Also gut, dein Hund kann bleiben,
bis der Unterricht vorbei ist“,
sagt sie.
„Aber er muss in die Bibliothek
am Ende des Ganges.“

Während der Mathematikstunde
hallt plötzlich ein lautes Bellen
über den Flur.
„Was hat Petzi bloß?“,
fragt sich Leo beunruhigt.
„Er klingt ganz aufgeregt!“

Frau Schuh dreht sich zu Leo um.
„Geh und beruhige ihn“,
sagt sie seufzend.
Leo springt auf und rennt los.
„Seltsam“, denkt er,
„hier riecht es angebrannt!“

Leo öffnet die Tür zur Bibliothek.
Petzi fetzt sofort an ihm vorbei
zu einer anderen Tür.
Dahinter ist die Kaffeeküche.
Er scharrt mit seinen Pfoten
und bellt ununterbrochen.

Ohne lange zu überlegen,
reißt Leo die Tür auf.
Dunkler Rauch schlägt ihm entgegen.
Durch die Schwaden erkennt er Mira,
ein Mädchen aus der 4b.

Mira kauert auf dem Boden.
Sie ist wie gelähmt vor Angst.
Vor ihr hat ein Sofa Feuer gefangen.
Der Weg zur Tür ist versperrt.
„Bleib ganz ruhig!“, ruft Leo.
„Ich hole Hilfe.“

„Hilfe!“, schreit Leo.
„Hilfe, es brennt!“
Auf dem Flur entdeckt Leo
einen Feuermelder.
Er schlägt die Scheibe ein
und drückt auf den Knopf.
Sofort geht der Alarm los.

Lehrer und Schüler kommen
aus den Klassenzimmern.
„Es brennt!“, ruft Leo noch einmal.
„Mira sitzt in der Kaffeeküche fest!“

Jetzt geht alles ganz schnell:
Wie sie es geübt haben,
laufen die Schüler
in Zweierreihen hinter den Lehrern
auf den Schulhof.
Auch Leo und Petzi sind dabei.
Bis auf Mira sind alle da.

„Mira war schlecht“,
schluchzt Miras Lehrerin.
„Sie sollte sich ein bisschen
auf dem Sofa ausruhen!“

Schon nach wenigen Minuten
rückt die Feuerwehr an.
Mehrere Feuerwehrleute
springen aus den Fahrzeugen.

Alle arbeiten gleichzeitig:
Zwei Mann verlegen Schläuche,
zwei andere
fahren auf einer Drehleiter
in den zweiten Stock.
Dort befindet sich die Kaffeeküche.
Beide tragen Atemschutzgeräte.

Ein Feuerwehrmann
schlägt die Fensterscheibe ein.
Gefolgt von seinem Kollegen,
steigt er in das qualmende Zimmer.

Leo hält den Atem an.
Endlich: Die Männer haben Mira.
Sie hustet und weint,
aber sie ist unverletzt.

Bald haben die Feuerwehrleute
die Flammen im Griff.
Mit Wasser aus einem Hydranten
können sie gelöscht werden.
Als der Einsatz beendet ist,
sind alle erleichtert.

„Die Kaffeemaschine war defekt“, erklärt der Feuerwehrkommandant. „Ein Funke hat das Feuer ausgelöst. Gut, dass der Notruf rechtzeitig kam. So konnte es sich nicht ausbreiten.“

Frau Schuh legt ihre Hand
auf Leos Schulter.
„Das verdanken wir dir“, sagt sie.
„Wuff-wuff!“, macht Petzi beleidigt.
„Klar, und natürlich dir“,
fügt sie lachend hinzu.

„Trotzdem … Ab morgen
hast du schulfrei, Petzi!“
Leo muss kichern.
„Gilt das auch für mich?“, fragt er.
Aber auf diese Frage
antwortet Frau Schuh leider nicht.

Die Riesenschlange

Im Zirkus ist eine Schlange entwischt“, sagt der Einsatzleiter. „Wer kommt mit?“

„Mit Schlangen kenne ich mich aus“, sagt Paul eifrig. Schon braust der Einsatzwagen los.
Im Zirkus herrscht helle Aufregung.

„Wir haben das Zelt und alle Wohnwagen durchsucht“, meldet der Direktor. „Keine Spur von Anastasia!“

Die Feuerwehrleute durchkämmen das Gelände. Langsam. Meter für Meter. Schritt für Schritt.

„Da!“, ruft Paul plötzlich. „Da ist sie!“

„Wir holen besser den Tierpfleger“, sagt Pauls Kollege Willy.

Aber Paul springt auf die Schlange zu.
Er packt sie blitzschnell hinter dem Kopf
und trägt sie zum Käfig. – Geschafft!

Die Artisten klatschen Beifall.
Der Direktor verteilt Freikarten für
die Vorstellung.

Und die Clowns schlagen Purzelbäume.

Auf der Heimfahrt sagt Willy: „Warum hast du die Schlange selbst gefangen, Paul? Das war doch viel zu gefährlich!“

Paul grinst. „Ach was! Ich war gestern auch in der Vorstellung. Anastasia ist sanft wie ein Lamm. Sie ist nämlich im Zirkus aufgewachsen!“

Jetzt grinst Willy: „Der Zirkus hat zwei Schlangen, Paul. Gestern hast du Anatevka gesehen, nicht Anastasia!“

„Du meinst ...?“ Paul wird ganz blass.

Willy nickt: „Anastasia ist ganz neu im Zirkus. Sie ist überhaupt noch nicht dressiert!“

Nanu, wird Paul etwa ohnmächtig?

Ein echter Feuerwehrmann

„Wer kommt mit zum Feuerwehrfest?“, ruft Jens und stürmt los.

Philipp, Lara und der kleine Bastian rennen hinterher. Das Feuerwehrfest will keiner verpassen.
Die Kinder schauen sich begeistert um.
„Was machen wir zuerst?“, fragt Philipp die anderen Kinder.

„Ich fahre auf dem alten Feuerwehrauto mit!“, ruft Lara. Mit „Tatütata“ geht es rund um den Platz.

Die Jungen sehen sich Werkzeuge, Schutzmasken und Uniformen an.

Bastian probiert einen Helm auf und sagt: „Ich will später Feuerwehrmann werden. Ihr auch?“

Philipp und Jens prusten. „Der Kleine will zur Feuerwehr!? Da lachen ja die Hühner!“

Bastian kriegt einen roten Kopf.
Schnell legt er den Helm zurück.

Lara und Jens stellen sich beim
Wettspritzen an. Puh, der Schlauch
ist ganz schön schwer!

Lara trifft genau ins Ziel. „Möchtest du auch mal?“, fragt sie Bastian. Aber der schüttelt den Kopf: „Lieber nicht!“

Da zeigt Feuerwehrmann Fritz auf die große Drehleiter mit dem Korb. „Wer will die Welt von oben sehen?“, fragt er.

„Wir!“ – Schon stehen Philipp und Jens im Korb. Hui, jetzt geht es hoch hinauf!

Nanu! Da fährt die Drehleiter ja schon wieder runter. Philipp ist kreidebleich, und Jens stottert: „Mir ist schwindelig!“

„Das geht vielen so“, tröstet der Feuerwehrmann lächelnd.

Da ruft Bastian: „Darf ich mal?“ – Na klar!

Der Korb mit Bastian und Fritz steigt in die Höhe. Bis ganz nach oben.

Hui, wie hier der Wind pfeift! Aber Bastian lacht und winkt stolz hinunter.

Die Höhe macht ihm nichts aus.
„Prima!“, lobt Fritz. „Du bist schwindelfrei wie ein echter Feuerwehrmann! – Kommst du später zu uns?“

„Logo!“, sagt Bastian und strahlt mit der Sonne um die Wette.

Ein Kätzchen in Not

Mona und Luisa hatten im Unterricht
über die Feuerwehr und
ihre vielen Aufgaben gesprochen.
„Ich wusste gar nicht,
dass sie auch Tieren in Not hilft!“,
sagte Luisa am Nachmittag zu Mona.
Sie war bei ihrer Freundin zu Besuch.

„He, lass uns Feuerwehr spielen“,
schlug Mona vor.
Beide rannten in den Garten.
Mona kletterte eine Strickleiter hoch,
die an einem Baum hing.
In eine Astgabel setzte sie
ihre Stoffkatze.

„Hilfe, mein armes Kätzchen
kommt nicht runter“, schrie Mona.
Luisa war sofort zur Stelle.
Sie kletterte die Leiter hoch …
und riss den Mund auf:
„Schau doch mal“, flüsterte sie.
„Da oben sitzt ja eine echte Katze!“

Auch Mona staunte.
Tatsächlich lugten zwei gelbe Augen zwischen den Blättern hervor.
„Mieze, komm runter“, lockte Luisa.
Aber das Tier rührte sich nicht.
„Wir müssen die Feuerwehr holen!“, sagte Mona schließlich.

Beide liefen ins Haus.
Mona wählte die 112.
Sie erzählte der Frau am Telefon,
was los war, und gab ihre Adresse an.
„Die Feuerwehr kommt“, sagte Mona.
Aufgeregt rannten die Mädchen
zurück nach draußen.

„Sieh dir ihre Ohrenspitzen an.
Die sehen ja aus wie Pinsel“,
sagte Luisa zu ihrer Freundin.
„Und ihr Schwanz ist so kurz“,
stellte Mona verwundert fest.
Außerdem hatte das Fell
lauter dunkle Tupfen.

Kurz darauf bog ein Feuerwehrauto
in die Einfahrt.
Zwei Feuerwehrleute stiegen aus:
ein Mann und eine Frau.
„Wo ist denn das Kätzchen?“,
fragte die Frau freundlich.
Die Mädchen deuteten in den Baum.

„Unglaublich!“, flüsterte der Mann.
„Das ist ein junger Luchs!“
Mona und Luisa staunten.
„Wahrscheinlich hat er
seine Mutter verloren“,
erklärte die Frau.

„Eigentlich trauen sich Luchse
sonst nicht in Siedlungen.“
Die Frau lächelte die Mädchen an.
„Gut, dass ihr uns gerufen habt.
Luchse stehen unter Naturschutz!“

Die Feuerwehrleute stellten
eine lange Leiter auf.
Die Frau stieg hinauf.
Sie hatte feste Handschuhe an
und ein Fangnetz dabei.

„Komm, Kleiner“,
sagte die Frau.
Schnell hatte sie
den Luchs im Netz.
Der Mann holte einen großen Käfig
und setzte das Tier hinein.
„Wie schön er ist“, meinte Mona.
„Aber was passiert jetzt mit ihm?“

Die Frau zog die Handschuhe aus.
„Der Tierschutzverein wird sich
um ihn kümmern“, antwortete sie.
„Dank euch ist er außer Gefahr!“

Die Feuerwehrleute gaben
Mona und Luisa die Hand.
„Toll, wie ihr mitgeholfen habt,
ihn zu retten!“, sagte der Mann.
„Wer weiß, ob der Kleine
ohne euch überlebt hätte.“

Der Luchs blinzelte die Mädchen
zum Abschied dankbar an.
„Tschüss, kleiner Luchs!“,
riefen beide, als das Auto davonfuhr.
„Schön, dass du uns besucht hast!“

Die neue Leiter

Fritz, das kleine Feuerwehrauto, steht in der Werkstatt.
Fritz ist ganz aufgeregt. Gerade bekommt er eine neue Leiter. Nur noch zwei Schrauben, dann ist der Automechaniker fertig.
Doch was ist das? Fritz zuckt zusammen.

Drüben auf dem Feuerwehrhaus
leuchtet die rote Lampe auf.
Die Sirene heult.
„Ich muss weg!“, ruft Fritz.
„Die Feuerwehr wird gebraucht!“
Schnell wie der Blitz rast Fritz aus
der Werkstatt hinaus.
Tatütata!

„Halt!“, ruft ihm der Automechaniker
hinterher. „Zwei Schrauben fehlen
noch …!“

Doch Fritz, das kleine Feuerwehrauto, ist schon um die Kurve verschwunden.
Beim Haus der alten Frau Kiesel bleibt er stehen. Seine Bremsen quietschen.
„Hast du die Feuerwehr gerufen?“, fragt Fritz.
„Ja!“, jammert Frau Kiesel. „Meine Katze Morle sitzt auf dem Baum und kann nicht mehr herunter.“

Fritz strahlt wie die Sonne.
„Das haben wir gleich!“, verspricht er.
„Ich habe nämlich eine neue Leiter!“
Doch als er die Leiter ausfährt,
knackt es.

„So ein Mist!“, denkt Fritz. „Die fehlenden Schrauben! Hoffentlich geht alles gut!“ Ganz langsam gleitet die Leiter nach oben.

Morle, die Katze, sieht Fritz mit großen Augen zu.

„Vorsichtig!“, flüstert Fritz.
Schon sitzt Morle auf der obersten Sprosse.
Langsam fährt Fritz die Leiter wieder ein.
Auf der Straße angekommen, springt die Katze gleich in die Arme von Frau Kiesel.

„Toll, Fritz!“, bedankt sich Morle.
„Dafür bekommst du eine Schüssel
von meinem besten Katzenfutter!“
„Danke!“, sagt Fritz und lacht.
„Aber ich mag lieber Öl.“
Dann düst er in die Werkstatt
zurück.

Löse diese Rätsel!

1. **Bei Nachbar Franz schwimmt das Abendessen heute leider. Was wollte er essen?** Kreise ein.

vier Butterbrote

sechs Fischstäbchen

fünf Würstchen

Lösung aus „Falscher Alarm“:
Nachbar Franz wollte fünf Würstchen grillen.

2. **Lies genau in Spiegelschrift. Was brennt bei Bauer Brink? Ein …** Kreuze an.

- ☐ SONNWENDFEUER
- ☐ SONNTAGSKUCHEN
- ☐ SONNENSCHIRM

Lösung aus „Der 21. Juni“:
Bei ihm brennt ein Sonnwendfeuer.

3. **Wer ist wer?** Verbinde die Bilder mit den richtigen Namen.

Jonas Max Stefan

Lösung aus „Die Schule brennt“: Links steht Kollege Stefan, in der Mitte Jonas und rechts Feuerwehrmann Max.

4. **Was schaukelt im Wasserstrahl? Ein …**
Suche das richtige Wort im Buchstabengitter und kreise es ein.

M	A	S	E	I	F	U
U	L	T	H	A	L	M
O	T	A	U	M	A	R
L	S	E	I	T	E	P

Lösung aus „Wasser marsch!“:
Das Tau schaukelt im Wasserstrahl.

Löse diese Rätsel!

5. **Wer ist wie gelähmt vor Angst, als es brennt?** Kreuze an.

☐ Mira ☐ Petzi ☐ Frau Schuh

Lösung aus „Helden im Doppelpack“:
Mira sitzt in der Kaffeeküche fest und hat Angst.

6. **Was passiert zuerst?** Bringe die Bilder in die richtige Reihenfolge.

Lösung aus „Die Riesenschlange“: 1. Der Einsatzwagen braust los. 2. Die Feuerwehrleute suchen. 3. Willy grinst.

7. **Wer probiert den Helm an?** Kreise ein.

Philipp Bastian Jens

Lösung aus „Ein echter Feuerwehrmann“:
Bastian probiert den Helm an.

8. **Was sieht an der Katze im Baum aus wie Pinsel? Ihre …** Ergänze die fehlenden Buchstaben.

O_R_NS_IT_EN

Lösung aus „Ein Kätzchen in Not“:
Es sind ihre Ohrenspitzen.

9. **Was flüstert der Feuerwehrmann, als er das Kätzchen im Baum sieht?** Kreuze an.

- ☐ „Wie niedlich!“
- ☐ „Unglaublich!“
- ☐ „Das ist gruselig!“

Lösung aus „Ein Kätzchen in Not“: Er flüstert „Unglaublich!“, weil er einen jungen Luchs erkennt.

10. **Verkehrt herum. Was fehlt Feuerwehrauto Fritz?** Kreise ein.

- ☐ HCUALHCS RED
- ☐ NEFIER NIE
- ☐ NEBUARHCS IEWZ

Lösung aus „Die neue Leiter“:
Dem Auto fehlen zwei Schrauben.

Quellenverzeichnis

Falscher Alarm, Die Schule brennt,
Die Riesenschlange, Ein echter Feuerwehrmann
aus: Katja Reider, **Kleine Lesetiger-Feuerwehrgeschichten**
mit Illustrationen von Dorothea Tust

Der 21. Juni, Helden im Doppelpack, Ein Kätzchen in Not
aus: Annette Moser, **Leselöwen-Feuerwehrgeschichten**
mit Illustrationen von Heribert Schulmeyer

Wasser marsch!
aus: Alexandra Fischer-Hunold, **Lesetiger-Feuerwehrgeschichten**
mit Illustrationen von Irmgard Paule

5 Minuten Fußballgeschichten für Leseanfänger

ISBN 978-3-8112-3560-1, 112 Seiten
€ 5,- (D) / € 5,20 (A)

Fußballstarke Geschichten über faire Spieler und heldenhafte Torschützen, singende Fans und gute Freunde, von einem findigen jungen Detektiv, der für seine Freunde den Ball sucht, und über ein Treffen mit dem Torwart des Jahres versprechen ganz viel Spaß beim Lesen.

gondolino